Babar Characters TM and © 1999 Laurent de Brunhoff
Licensed by Nelvana Limited and The Clifford Ross Company, Ltd.
Conception et réalisation de l'ouvrage, Hachette Livre
Édition : Hachette Livre pour la présente édition
Adaptation de l'image : Jean-Claude Gibert, d'après les personnages créés
par Jean et Laurent de Brunhoff
Rédaction du texte : Sylvie Boutaudou

Loi n° 49-956 du 16 juillet 1949
sur les publications destinées à la jeunesse

ISBN : 2.01.223969.2 - 22.3969.7/01
Dépôt légal : 5122 - juin 1999
Imprimé en France par IME et relié par AGM

Dis-moi pourquoi BABAR™

Le temps qu'il fait

HACHETTE *Jeunesse*

Où se fabrique le temps qu'il fait ?

La neige, le vent, les tempêtes et tous les phénomènes météorologiques prennent naissance dans l'atmosphère.

L'atmosphère

L'atmosphère est une couche de gaz qui entoure et protège la Terre sur plusieurs centaines de kilomètres d'épaisseur. Elle filtre certains rayons du Soleil qui sont dangereux et elle aide la planète à conserver sa chaleur, comme un bon duvet.

■ La partie la plus basse de l'atmosphère, celle où nous vivons, s'appelle la troposphère, et mesure de 7 à 17 kilomètres d'épaisseur. Elle est composée d'un mélange de gaz que tu connais bien : c'est l'air que tu respires.

■ Dans la troposphère, de grandes masses d'air parcourent la planète et des nuages se forment continuellement. C'est là que naissent les pluies, les orages et les vents.

■ Toute cette agitation est très utile. Car si l'atmosphère n'existait pas, la Terre ressemblerait à sa voisine la Lune : il n'y aurait ni eau, et par conséquent, ni arbres, ni animaux et aucun être humain pour observer le ciel.

Pourquoi y a-t-il différents climats sur la Terre ?

Le Soleil ne chauffe pas toute la planète de la même façon, ce qui crée des climats différents.

Tu sais que notre planète est sans arrêt en mouvement, elle tourne sur elle-même et autour du Soleil.

■ Malgré ces mouvements de la Terre, le pôle Nord et le pôle Sud sont toujours désavantagés et ils reçoivent peu de chaleur, c'est pourquoi il y fait toujours très froid.

■ À l'inverse, la région de l'Équateur est toujours bien exposée au Soleil, et il y fait toujours très chaud.

■ Entre ces deux extrêmes, plus on se rapproche des pôles, plus il fait froid, plus on se rapproche de l'Équateur et plus il fait chaud.

Le voyage de la Terre

Soleil

Terre

autour du Soleil

Où fait-il le plus froid ?

La station russe de Vostok, en Antarctique, a connu un record de froid avec -89,2 C° le 21 juillet 1989.

La région qui entoure le pôle Nord, appelée Arctique, et celle qui entoure le pôle Sud, appelée Antarctique, sont les plus froides du globe.

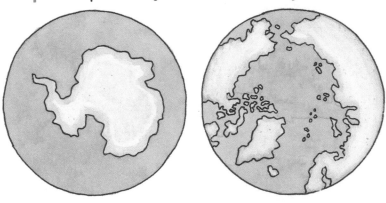

Les régions les plus froides du globe

Pôle Sud **Pôle Nord**

■ Elles sont recouvertes toute l'année de glace et de neige. En hiver, la température descend en dessous de -40 °C en Arctique et -60 °C en Antarctique.

■ Personne n'habite en permanence en Antarctique, parce qu'en plus du froid, il y souffle des vents très violents. Seuls quelques scientifiques font leurs recherches dans des stations, bien chauffées, comme celle de Vostok.

Où fait-il le plus chaud ?

Le record mondial de chaleur a été enregistré en Afrique, dans le désert de Libye, avec une température de 57,7 °C.

Les températures les plus élevées de la planète ont été relevées dans les déserts. Il n'y pleut presque jamais et aucun nuage ne vient protéger le sol en faisant un peu d'ombre.

■ Dans le désert de Libye, il se passe souvent dix années sans que tombe une seule goutte d'eau.

■ Dans ces déserts très chauds le jour, la température baisse très rapidement la nuit, car il n'y a pas de nuages ou de végétation pour retenir la chaleur. C'est à ce moment que les animaux du désert s'éveillent.

Où pleut-il le plus ?

Les grandes forêts équatoriales et les régions tropicales sont les plus humides de la planète.

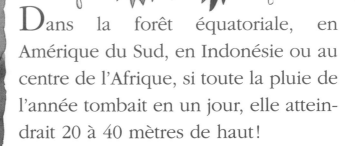

Dans la forêt équatoriale, en Amérique du Sud, en Indonésie ou au centre de l'Afrique, si toute la pluie de l'année tombait en un jour, elle atteindrait 20 à 40 mètres de haut !

■ Il y a souvent des orages, mais les arbres sont si hauts et touffus qu'ils retiennent la pluie. L'eau goutte en permanence le long des arbres.

■ Dans les régions tropicales, que l'on trouve au Brésil ou en Inde, il y a une saison sèche puis une saison humide de six mois chacune. Pendant la période des pluies, de fortes averses tombent tous les jours.

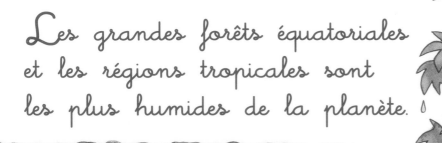

Pourquoi y a-t-il des saisons ?

Les saisons correspondent aux différentes positions de la Terre dans son voyage d'un an autour du Soleil.

Lorsqu'elle tourne autour du Soleil, la Terre est un peu penchée.
Au début de son voyage, le 21 décembre, le pôle Nord est dans l'ombre et le pôle Sud penche vers le Soleil.

■ Pour tous les habitants du Nord de la planète, il fait froid et les nuits sont très longues : c'est l'hiver qui commence. Mais pour ceux qui habitent au Sud, c'est le début de l'été.

■ À partir du milieu du mois de mars, le pôle Nord commence à s'incliner vers le Soleil. Les jours rallongent et il fait plus chaud dans l'hémisphère Nord : c'est le printemps.

PRINTEMPS

21 juin

ÉTÉ

Le 21 juin, la Terre a fait la moitié de son chemin annuel. Le pôle Nord est complètement sorti de l'ombre et c'est maintenant le pôle Sud qui est privé de Soleil. On sort les maillots de bain au Nord, car c'est l'été. Au même moment, l'hiver commence au Sud de la planète.

Dès la mi-septembre, le pôle Sud recommence à s'incliner vers le Soleil, ce qui rejette le pôle Nord dans l'ombre. Les jours raccourcissent au Nord, la température s'abaisse, c'est l'automne qui s'annonce.

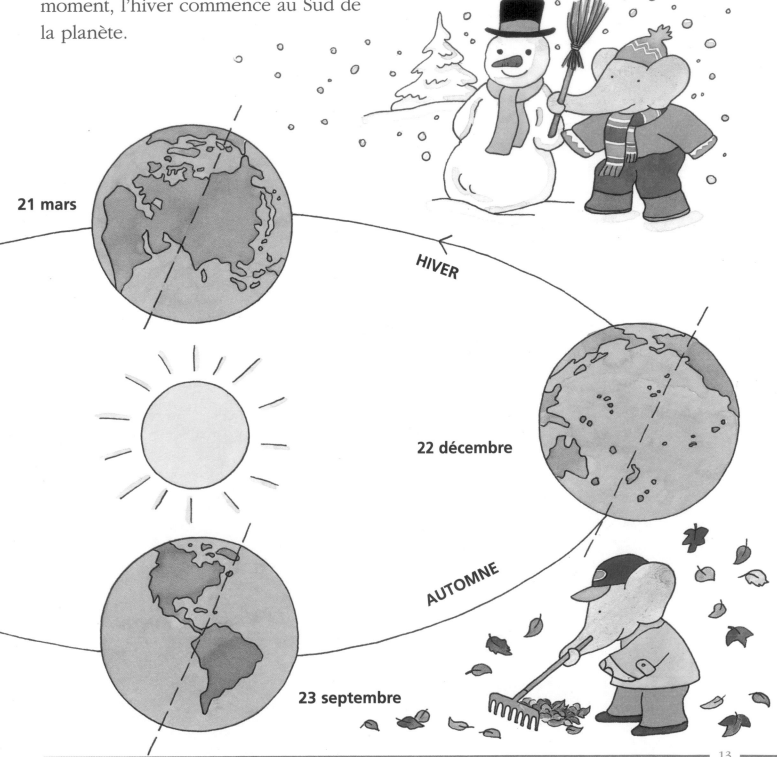

21 mars

HIVER

22 décembre

AUTOMNE

23 septembre

Pourquoi y a-t-il toujours de la neige en haute montagne?

La neige est éternelle sur les plus hautes montagnes parce que la température diminue avec l'altitude.

Si tu grimpes jusqu'au sommet d'une montagne, même en été, il faudra prévoir un bon duvet à l'arrivée.

■ La température descend d'environ un degré chaque fois que tu montes de 100 mètres.

■ Lorsque la montagne est située dans un pays chaud, il faut aller jusqu'à 5000 mètres pour trouver de la neige.

■ Dans les régions tempérées, en Europe, par exemple, il suffit d'atteindre 2700 ou 3000 mètres pour pouvoir faire une bataille de boules de neige.

Pourquoi fait-il doux au bord de la mer ?

Les océans représentent 70 % de la surface de la planète. Ce sont de grands réservoirs de chaleur.

Si tu t'es déjà baigné dans la mer un soir d'été, tu as remarqué que l'eau était encore tiède alors que l'air et le sable de la plage étaient devenus froids.

■ L'eau conserve bien la chaleur. À l'échelle de la planète, les océans aident à répartir la chaleur autour de la Terre.

Les courants marins

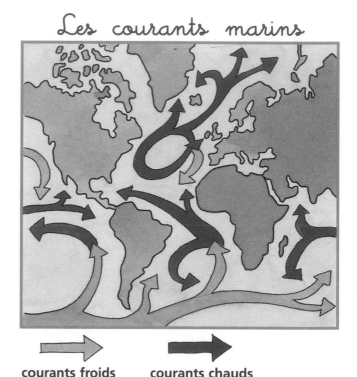

courants froids   courants chauds

■ De grands courants marins, chauffés par le Soleil qui est très puissant au niveau de l'Équateur, se déplacent vers les régions plus froides et les réchauffent.

■ C'est pour cela qu'en bord de mer, en hiver, il fait plus chaud qu'à l'intérieur des continents.

Pourquoi y a-t-il des inondations?

Les inondations sont les catastrophes naturelles parmi les plus dangereuses.

Des inondations peuvent se produire très brusquement lorsque de gros nuages sont coincés entre deux montagnes et déversent toute leur eau au même endroit.

■ La pluie coule le long des versants, se dirige vers la vallée et rejoint un fleuve qui grossit très vite, sort de son lit et détruit tout sur son passage.

■ Dans certaines régions d'Asie, comme au Bangladesh ou en Chine, lorsqu'il pleut sans arrêt pendant de longues périodes, les inondations peuvent toucher de très grands territoires dans les plaines.

■ Ce phénomène peut être aggravé par la fonte brutale des neiges au printemps.

Qu'est-ce que la sécheresse ?

La sécheresse est normale dans le désert, mais parfois, elle touche d'autres régions et provoque des catastrophes.

On parle de sécheresse lorsqu'il tombe moins de pluie dans une région que la moyenne habituelle.

■ Dans les régions arides, où il ne tombe jamais beaucoup d'eau, les réservoirs naturels, comme les lacs ou les nappes d'eau souterraines, sont rapidement vides si la pluie se fait attendre.

■ La sécheresse est alors terrible, car les hommes ne peuvent plus arroser les champs ou donner à boire aux animaux. Dans les pays pauvres, elle réduit parfois les habitants à la famine.

La Terre a-t-elle connu d'autres climats dans le passé ?

Tout au long de l'histoire de la Terre, le climat a connu de nombreux bouleversements avec des périodes très chaudes, suivies de terribles glaciations.

Il y a 100 millions d'années, par exemple, à l'époque des dinosaures, le climat était beaucoup plus chaud qu'aujourd'hui. Il n'y avait pas de banquise, même au pôle Nord, et des palmiers poussaient en Écosse et en Suède.

■ Mais la Terre a aussi connu de grandes périodes glaciaires où toute l'Europe et toute l'Amérique du Nord étaient gelées.

■ Nous vivons actuellement dans une période chaude qui dure depuis 12 000 ans.

Est-ce que le climat de la Terre peut changer ?

Le climat continue de changer sans arrêt, mais si lentement que tu ne peux pas le remarquer.

Le Soleil est notre principale source de chaleur et de lumière. C'est lui qui fait la pluie et le beau temps sur la Terre.

■ Le Soleil est une étoile qui s'éteindra un jour comme toutes les étoiles. À ce moment-là, la Terre redeviendra un caillou glacial.

■ Mais inutile de t'inquiéter, cela ne se passera pas avant des milliards d'années. D'ici là, les hommes auront sans doute trouvé une solution. Ils vivront peut-être sur une autre planète, près d'une autre étoile !

Comment se forment les nuages ?

Les nuages se fabriquent continuellement à partir de l'eau qui remonte de la Terre.

Après une averse, s'il fait Soleil, les flaques d'eau de pluie disparaissent en quelques heures. L'eau s'est évaporée, c'est-à-dire qu'elle s'est transformée en vapeur d'eau, un gaz invisible, qui s'échappe dans l'air.

■ Les étendues d'eau comme les océans et les fleuves, les arbres des forêts et tous les êtres vivants produisent de la vapeur d'eau. Toi-même, tu en produis à chaque fois que tu respires.

■ Lorsque l'air est chaud et chargé de cette vapeur d'eau, il monte en altitude où il fait plus froid. À ce moment, une nouvelle transformation se produit. Cela s'appelle la condensation.

■ La vapeur d'eau se retransforme en eau liquide sous forme de petites gouttes. L'ensemble de ces petites gouttes d'eau forme les nuages.

■ Si l'on observe la Terre depuis la Lune, on peut voir qu'à chaque instant, la moitié de la planète est recouverte de nuages.

Qu'y a-t-il à l'intérieur d'un nuage?

Les nuages contiennent des gouttelettes d'eau ou de petits cristaux de glace.

Sais-tu que tu as déjà marché dans un nuage? Dans le brouillard, de très fines gouttelettes d'eau qui flottent dans l'air t'empêchent de voir très loin devant toi.

■ En réalité, tu es dans un nuage, car le brouillard est un nuage qui s'est formé au ras du sol au lieu de s'élever dans le ciel.

■ La plupart des nuages contiennent de fines gouttelettes d'eau qui ressemblent au brouillard.

■ Les nuages qui sont très hauts dans le ciel, dans des régions où la température est basse, contiennent des cristaux de glace.

Comment se forme la neige ?

La neige prend naissance en altitude, au sommet des très grands nuages.

Dans les nuages qui sont très hauts dans le ciel, il fait plus de 40 °C en dessous de 0.

■ À cette température, les gouttelettes d'eau se transforment en glace. Les petits bouts de glace, que l'on appelle des cristaux, tombent les uns sur les autres et se rassemblent pour former des flocons de neige.

Les cristaux de glace

■ Quand ils sont assez gros, ils commencent à tomber vers le sol. Si les flocons de neige ne rencontrent pas d'air chaud entre le nuage et le sol, ils ne fondent pas. Tu peux te préparer pour une bataille de boules de neige !

Quelles sont les familles de nuages ?

Certains nuages annoncent la pluie, d'autres le beau temps. En les observant bien, tu pourras les reconnaître.

Les différents types de nuages

Cirrus

Cumulus

Stratus

Les nuages ont de drôles de noms qui viennent du latin. « Cirrus » veut dire, « boucle de cheveux », « cumulus » veut dire « tas » et « stratus » veut dire « étendu ».

■ Les cirrus planent très haut dans le ciel, à 6 000 ou 8 000 mètres d'altitude. Souvent, ils forment des filaments blancs dans un ciel bleu ou un voile léger devant le Soleil. Il n'y a pas de risque de pluie. Mais s'ils s'agglutinent en petits tas, ce sont des cirro-cumulus et le temps est en train de changer.

■ Les stratus sont de grandes nappes qui couvrent l'ensemble du ciel et ne laissent pas passer le Soleil. S'ils sont gris et blancs, comme des galets, ce sont des strato-cumulus qui peuvent apporter de la neige en hiver ou de la pluie.

Cirrus

Cirro-cumulus

Stratus

Nimbo-stratus

Cumulus

■ Les cumulus sont tout près du sol, à quelques centaines de mètres d'altitude. Si tu peux voir le sommet du cumulus, bien dessiné, comme un paquet de coton blanc, il n'y aura pas de pluie. Mais si un cumulus devient gris, grossit vers le ciel, c'est un cumulo-nimbus et tu peux sortir ton imperméable!

Pourquoi la pluie tombe-t-elle ?

La pluie tombe des nuages lorsque les gouttes sont trop lourdes pour rester suspendues dans l'air.

Dans la plupart des nuages, les gouttelettes d'eau sont tellement légères qu'elles restent suspendues dans l'air et ne tombent pas sur le sol.

■ La vie d'une goutte de pluie commence souvent au sommet d'un gros nuage. C'est une particule de glace qui en rencontre d'autres et se transforme en flocon de neige.

■ Comme le flocon est lourd, il descend à l'étage inférieur où il fait plus chaud et il fond.

■ Si les gouttes mesurent plus d'un millimètre de diamètre, elles descendent encore et tombent sur le sol.

Qu'est-ce que la grêle ?

La grêle est une pluie de glace qui naît dans certains nuages.

Le grêlon est une goutte d'eau qui a beaucoup circulé à l'intérieur d'un nuage très froid.

■ La goutte d'eau s'est d'abord transformée en bille de glace, puis elle a été aspirée par des courants d'air à l'intérieur du nuage. En voyageant, elle a capturé d'autres billes de glace, elle est redescendue et remontée plusieurs fois dans le nuage, et, à chaque fois, elle a un peu grossi.

■ Quand les billes de glace sont assez grosses, elles tombent du nuage. À l'arrivée, le grêlon mesure la taille d'un petit pois. Mais on a déjà vu des grêlons de la taille d'une orange !

D'où vient la rosée ?

Contrairement à la pluie et à la neige, la rosée ne tombe pas du ciel.

Si tu t'es déjà promené dans la campagne tôt le matin, tu as pu remarquer que, certains jours, l'herbe est recouverte de minuscules gouttes d'eau. Il y en a même sur les fils des toiles d'araignées.

■ Ces gouttes, que l'on appelle la rosée, ne sont pas tombées du ciel.

■ Pendant la nuit, la température a baissé et la vapeur d'eau qui était dans l'air s'est condensée, c'est-à-dire qu'elle s'est transformée en gouttelettes d'eau au contact de chaque brin d'herbe.

■ Il y a souvent de la rosée le matin dans le désert. Grâce à elle, les plantes et les animaux peuvent trouver un peu d'eau.

Qu'est-ce que le verglas ?

Parfois, la pluie transforme les trottoirs et les routes en patinoires : il faut alors être très prudent.

Le verglas apparaît en hiver lorsque la pluie tombe après une période où il a fait très froid, ou lorsqu'il fait brusquement très froid et que le sol était recouvert d'humidité.

■ Lorsque le sol est gelé, les gouttes de pluie très froides qui tombent des nuages se transforment immédiatement en glace en touchant la terre.

■ Cela donne une couche de glace transparente et très glissante que l'on appelle verglas.

■ Parfois, les gouttes de pluie emprisonnent un peu d'air en tombant. Le sol est alors recouvert d'une couche blanche et granuleuse. C'est plus joli que le verglas, et surtout moins glissant !

Qu'est-ce qu'un orage ?

Le ciel devient très sombre, la pluie tombe en grosses gouttes, accompagnée d'éclairs et de coups de tonnerre : c'est l'orage.

Ce sont les cumulo-nimbus, ces gros nuages sombres en forme d'enclume, qui provoquent les orages.

■ Au sommet du cumulo-nimbus, très haut en altitude, il n'y a que des cristaux de glace. Dans sa partie inférieure, se trouvent les gouttelettes de pluie.

Cumulo-nimbus

Éclair

■ Cette différence entre les étages du nuage crée un courant électrique : c'est l'éclair que tu vois dans le ciel. L'éclair est très chaud et il déplace beaucoup d'air d'un seul coup. C'est ce déplacement brusque qui fait le bruit du tonnerre.

■ L'éclair et le tonnerre se produisent en même temps, mais la lumière de l'éclair arrive plus vite à tes yeux que le bruit du tonnerre jusqu'à tes oreilles. Grâce à cela, tu peux savoir à quelle distance tu te trouves de l'orage.

■ Lorsque tu vois l'éclair, compte lentement jusqu'à ce que tu entendes le tonnerre. Si tu as pu compter jusqu'à 3, il est à un kilomètre. Si tu as pu compter jusqu'à 6, il est à deux kilomètres. Si tu ne peux pas commencer à compter, tu es sous l'orage !

De quoi sont faites les traînées qui suivent les avions?

En haute altitude, les avions créent de véritables petits nuages artificiels.

Le ruban blanc qui suit un avion dans le ciel s'appelle une traînée de condensation. Si l'air est très froid et humide, les gaz d'échappement provoquent la formation de cristaux de glace.

■ Parfois, tu peux observer ces petits nuages artificiels même quand l'avion n'est pas visible.

■ À l'inverse, lorsqu'un avion traverse un nuage, il forme une traînée vide autour de lui, que l'on appelle traînée de dissipation. La chaleur de ses moteurs a fait s'évaporer une partie du nuage!

Qu'est-ce qu'un arc-en-ciel ?

Le Soleil brille pendant une averse ?
Tourne-lui le dos et regarde bien,
il y a peut-être un arc-en-ciel !

L'arc-en-ciel se forme lorsqu'il pleut et que les rayons du Soleil traversent des millions de gouttes de pluie.

■ Tu peux voir dans l'arc-en-ciel toutes les couleurs qui composent la lumière du Soleil.

■ Si les gouttes sont grosses, l'arc-en-ciel est bien visible. En partant de l'intérieur, tu peux distinguer le violet, l'indigo, le bleu, le vert, le jaune, l'orange et le rouge.

■ Il y a parfois un autre arc, plus grand dans le ciel mais moins net, sur lequel les couleurs sont inversées.

D'où vient le vent ?

Les mouvements des vents répartissent la chaleur du Soleil autour de la Terre, comme les courants marins le font dans les océans.

Lorsque tu gonfles un ballon, tu mets beaucoup d'air à l'intérieur. L'air est comprimé et dès que tu lui en laisses l'occasion, il va sortir rapidement en faisant un petit courant d'air.

■ Sur la planète, il y a des zones de hautes pressions, où l'air est comprimé comme dans un ballon, et des zones de basses pressions, où il a de la place.

■ L'air de l'atmosphère, comme celle de ton ballon, quitte les endroits où il est à l'étroit et se dirige vers ceux où les pressions sont basses. C'est ce déplacement qui crée le vent.

■ Mais le vent ne peut jamais s'arrêter, car la chaleur du Soleil produit constamment de nouvelles zones de hautes et de basses pressions. Lorsque le Soleil chauffe de l'air, il le

fait monter en altitude. Au niveau du sol, il y a moins d'air : c'est une zone de basse pression.

- L'air qui est monté en altitude se refroidit puis il retombe vers le sol un peu plus loin. Il s'ajoute à l'air qui est présent et cela crée une zone de haute pression. C'est comme si le Soleil regonflait ton ballon à chaque fois qu'il se vide !

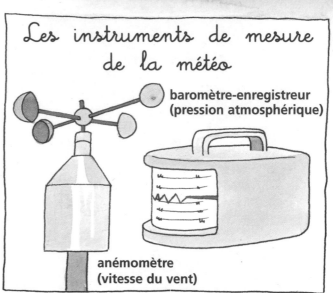

Les instruments de mesure de la météo

baromètre-enregistreur
(pression atmosphérique)

anémomètre
(vitesse du vent)

Qu'est-ce qu'une tempête ?

Lorsque le vent est très violent, il se transforme en tempête et parfois en tornade.

Lorsque la vitesse du vent dépasse 88 km/h, une tempête commence. En mer, les vagues peuvent atteindre plusieurs dizaines de mètres. Sur terre, les arbres plient sous le vent, et parfois les toitures s'envolent.

■ Lors de grosses tempêtes, il peut se former une tornade. Elle ressemble à un entonnoir de vent et de nuages, qui tourbillonne à plus de 600 km/h.

■ Si une tornade touche le sol, elle aspire les débris, les branches, et même de petits animaux qu'elle dépose plus loin. C'est pour cela que parfois, il pleut des grenouilles !

Qu'est-ce qu'un cyclone ?

Le cyclone est le plus puissant et le plus catastrophique des phénomènes météorologiques. On l'appelle aussi ouragan ou typhon.

Les cyclones prennent naissance à la fin de l'été, au-dessus des mers chaudes des tropiques. Les nuages s'agglutinent et les vents tourbillonnent de plus en plus vite pour former une énorme spirale : le cyclone.

Le cyclone

œil

■ À lui seul, il recouvrirait la totalité d'un pays comme la France. Le centre du cyclone, que l'on appelle l'œil du cyclone, est plus calme mais il peut aspirer la mer et soulever d'énormes vagues. Autour de l'œil, les vents peuvent dépasser 300 km/h. L'ensemble du cyclone avance à une vitesse de 30 km/h et dévaste tout sur son passage.

Qu'est-ce qu'un raz de marée ?

Les raz de marée sont d'énormes vagues, tellement hautes qu'elles ravagent toutes les côtes.

L es grosses vagues sont provoquées par les vents qui passent au-dessus des océans.

■ Lorsque les vents sont exceptionnellement forts, pendant des tempêtes, mais surtout après le passage d'un cyclone, les vagues atteignent plusieurs dizaines de mètres de haut.

■ Si les vagues s'approchent de côtes basses, elles peuvent les inonder.
Les tsunamis, qui sont des tremblements de terre sous-marins, sont encore plus impressionnants. Les vagues des tsunamis peuvent atteindre 60 mètres de haut.

Qu'est-ce qu'une avalanche ?

Une avalanche est une grosse coulée de neige qui glisse le long d'une montagne.

Si tu es gourmand et que tu saupoudres ton gâteau avec du sucre, au bout d'un moment, le sucre ne tient plus et glisse sur les côtés.

■ En montagne, c'est un peu la même chose. Lorsque les chutes de neige ont été trop importantes, la neige qui est en trop se met à glisser. Les avalanches se produisent aussi lorsque la neige commence à fondre à la fin de l'hiver.

■ Malheureusement, cela se fait souvent très brutalement. Ce sont des milliers de tonnes de neige et de glace qui dévalent dangereusement les pentes d'un seul coup. Chaque année, des skieurs imprudents sont ensevelis sous les avalanches.

Quels sont les instruments du météorologiste ?

Les meilleurs instruments du météorologiste sont ses yeux. Mais il a aussi besoin des informations en provenance d'autres stations météo.

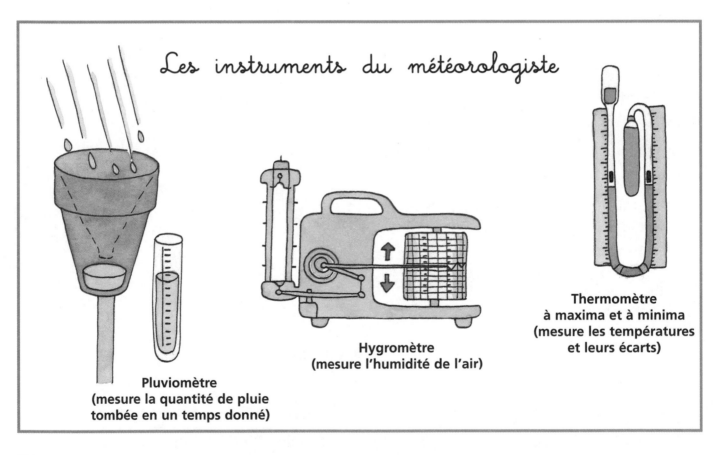

Les instruments du météorologiste

Pluviomètre
(mesure la quantité de pluie tombée en un temps donné)

Hygromètre
(mesure l'humidité de l'air)

Thermomètre à maxima et à minima (mesure les températures et leurs écarts)

Pour décrire le temps qu'il fait, on peut observer la température, l'aspect du ciel, la vitesse et la direction du vent. On peut aussi mesurer l'humidité de l'air grâce à l'hygromètre et la quantité de pluie tombée avec un pluviomètre. Grâce au baromètre, on peut observer l'évolution de la pression atmosphérique qui indique les changements de temps.

■ Mais pour prévoir le temps plusieurs jours à l'avance, l'observation en un seul point ne suffit pas. Car la pluie qui tombe sur ta maison s'est souvent préparée à des milliers de kilomètres de chez toi.

■ À travers le monde, sur terre ou sur des navires en mer, des stations météo enregistrent tout ce qui se passe dans le ciel. On envoie aussi des ballons en altitude et des satellites dans l'espace qui photographient la planète.

■ En mettant en commun toutes ces informations, les météorologistes peuvent prévoir le temps qu'il fera cinq à sept jours à l'avance.

Prévoir le temps, cela sert à quoi ?

Pour les marins ou les pilotes d'avion, consulter la météo est indispensable. Mais si tu pars en pique-nique, elle peut aussi t'être utile !

À la télévision, dans les journaux ou à la radio, la météo donne la température prévue et indique le temps qu'il fera dans une région donnée.

■ En été, elle signale les jours où le Soleil brille très fort pour inviter les touristes à ne pas trop s'exposer au Soleil.

■ Les marins ont besoin d'informations plus précises. La mer est divisée en petites zones et pour chacune d'entre elles, la météo marine indique la force du vent et la pression atmosphérique.

■ Dans les aéroports, il est indispensable de savoir s'il y a des risques de brouillard, car les pilotes ne peuvent pas manœuvrer s'ils ne voient pas la piste.

■ En montagne, les guides sont très attentifs à la météo qui peut les prévenir des risques d'avalanches.

■ Les prévisions ne peuvent pas empêcher les catastrophes, mais elles les rendent moins graves. Grâce aux satellites, on peut voir la naissance d'un cyclone et surveiller son trajet. Cela permet d'alerter les populations avant même qu'il ait commencé à souffler.

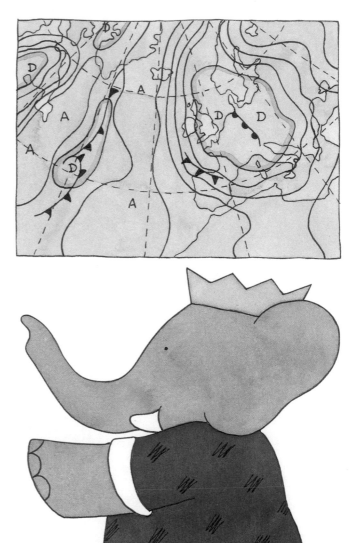

✦	Soleil	8 °	températures
	éclaircies peu nuageux		brumes et brouillard
	très nuageux ou couvert		pluie
	neige		orages
⇨	vent faible	⇨ vent modéré	⇨ vent fort

Tous les chemins de la découverte en compagnie de BABAR™

J'observe avec Babar

12 titres

Pour découvrir, tout en s'amusant avec les autocollants, la ferme, le cirque, la montagne ou les saisons…

L'atelier de Babar

6 titres

Le plaisir de confectionner soi-même, quand on est déjà grand, des objets ou des recettes de cuisine avec l'aide de Babar.

Dis-moi pourquoi Babar ?

14 titres

Des réponses à toutes les questions que peut se poser un enfant de 5 ans sur le ciel et la terre, la nature et les animaux, le corps, les machines et les objets.